Inhalt

Geschäftsklimaindex im Sinkflug - droht ein konjunktureller Abschwung?

Kernthesen

Beitrag

Fallbeispiele

Weiterführende Literatur

Impressum

Geschäftsklimaindex im Sinkflug - droht ein konjunktureller Abschwung?

Robert Reuter

Kernthesen

- Der zum dritten Mal hintereinander gesunkene Geschäftsklimaindex lässt die Befürchtung wachsen, dass nun auch die deutsche Wirtschaft von einer Rezession erfasst werden könnte.
- Die tatsächliche Lage ist allerdings viel besser als die Stimmung, denn Export und Binnennachfrage zeigen sich weiterhin stabil.
- Dass die deutsche Konjunktur dennoch vor einer Abkühlung stehen könnte, zeigen die

schwächer werdenden Ergebnisse der Dax-Konzerne.

Beitrag

Geschäftsklima kühlt sich ab

Der überraschend lang anhaltende konjunkturelle Aufschwung der deutschen Wirtschaft wird immer mehr von Signalen gestört, die auf ein baldiges Ende des Höhenflugs hinweisen. Besonders alarmierend entwickelt sich der Ifo-Geschäftsklimaindex. Dieser fiel im Juli dieses Jahres zum dritten Mal in Folge, was auf eine nachhaltige Stimmungseintrübung hinweist. Drei Rückgänge in Folge gelten gemeinhin als Wendepunkt im Konjunkturzyklus. Der im Juli mit den Angaben von 7 000 Managern ermittelte Ifo-Index von 103,3 ist der schlechteste Wert seit März 2010.

Der aus dem Fernsehen bekannte Präsident des Ifo-Instituts, Hans-Werner Sinn, sieht die Entwicklung des Index als ein Anzeichen dafür, dass die Euro-Krise zunehmend nun auch die deutsche Konjunktur belastet. Nach Berechnungen des Instituts wird das deutsche Bruttoinlandsprodukt (BIP) im zweiten und dritten Quartal nur noch um jeweils 0,1 Prozent zulegen. Internationale Experten sehen damit das Ende der Rolle Deutschlands als Wachstumsinsel inmitten eines stagnierenden Kontinents gekommen. (1), (3)

Die Stimmung schlechter als die Lage?

Dem Pessimismus des Ifo-Instituts und seinem Präsidenten steht allerdings eine noch immer robuste realwirtschaftliche Gesamtsituation gegenüber. Produktion, Aufträge und Exporte laufen weiterhin wie geschmiert, so dass mancher Analyst bereits moniert, die Stimmung sei schlechter als die tatsächliche Lage. Dies sei insofern nicht ungefährlich, als eine miese Stimmung - ob begründet oder nicht - schnell zu tatsächlichen Problemen führen könne. (5)

Keine Krise im Export

Keinerlei Anzeichen für eine bevorstehende Krise zeigt der deutsche Export. Im Mai dieses Jahres hatten die Unternehmen Waren im Wert von 93,5 Milliarden Euro in andere Länder geschickt und damit den höchsten jemals in einem Monat erzielten Exporterlös erzielt. Von Januar bis Mai 2012 legten die

Ausfuhren gegenüber dem Vorjahreszeitraum um bemerkenswerte fünf Prozent zu. Hält die bisherige Entwicklung bei den Ausfuhren weiter an, würde im Vergleich mit 2011 ein Überschuss von 19 Milliarden Euro auf dann 177 Milliarden Euro zu Buche stehen. Vom Rekordniveau des Jahres 2007, als 195 Milliarden Euro erreicht wurden, wäre die deutsche Exportwirtschaft damit gar nicht mehr weit entfernt.

Trotz dieser hervorragenden Aussichten zeigen sich auch im Export Bremsspuren, die insbesondere von der prekären wirtschaftlichen Situation europäischer Pleitestaaten herrühren. So haben sich im bisherigen Jahresverlauf die Ausfuhren in die Krisenstaaten Griechenland, Portugal, Spanien, Italien und Irland nur schleppend entwickelt. Ins Gewicht fallen die Aufträge aus diesen Staaten jedoch ohnehin nicht. Schon 2011 gingen gerade einmal elf Prozent der deutschen Exporte in diese Länder. Manche Analysten begrüßen die Entwicklung sogar, da sie zeige, dass die ins Schlingern geratenen Staaten an der europäische Peripherie nun ernst damit machen, Konsum und Ausgaben zu reduzieren.

Auch die Ausfuhren in solche europäische Staaten, die (noch) nicht unter den EU-Rettungsschirm schlüpfen mussten, stagnieren derzeit. Kompensiert wird die Schwäche der europäischen Wirtschaftspartner jedoch von den Tigerstaaten in Asien, die ihren Hunger nach deutschen Produkten nach wie vor jedes Jahr deutlich steigern. Die niedrigen Exportquoten im europäischen Handel werden durch die immense Nachfrage aus Asien nicht nur ausgeglichen, sondern überkompensiert. Auch 2012 werden die Ausfuhren der führenden deutschen Industriebranchen Maschinenbau, Elektrotechnik oder Automobilindustrie nach Asien zweistellig wachsen.

Die Exportstärke der deutschen Wirtschaft scheint ein Anzeichen dafür zu sein, dass es mit der Konjunktur doch noch nicht abwärts geht. Gleichwohl sehen Experten den wieder ansteigenden Leistungsbilanzüberschuss der deutschen Wirtschaft heute kritischer als noch vor wenigen Jahren. Vor zwei Jahren hatte die damalige französische Wirtschaftsministerin und heutige IWF-Chefin Christine Lagarde Deutschland vorgeworfen, durch seine Außenhandelsüberschüsse die Nachbarn zu schädigen und so mitverantwortlich für deren Misere zu sein. Lagarde hatte Deutschland daher aufgefordert, die Exporte zu drosseln und die Binnennachfrage zu stärken. Daraufhin wurde auch hierzulande zeitweilig über die Schattenseiten der deutschen Exportorientierung diskutiert, doch ist die Debatte verebbt. Deutlicher als früher wird jetzt allerdings gesehen, dass der starke Export von Waren zugleich den Export von Wohlstand bedeutet, denn die hohe Wettbewerbsfähigkeit der deutschen

Wirtschaft gründet sich auf niedrige Lohnstückkosten und damit auf ein niedriges Lohnniveau bei den Beschäftigten. Der Jubel über die derzeit wieder eindrucksvollen Exportzahlen zeigt freilich, dass es Zweifel am Sinn stetig steigender Ausfuhren in der aktuellen wirtschaftspolitischen Debatte schwer haben. (2)

Binnennachfrage bleibt stabil

Neben der guten Exportentwicklung ist auch der nach wie vor stabile Binnenkonsum der Bundesbürger eine wichtige Stütze für die derzeit noch stabile Konjunktur. Experten glauben, dass insbesondere die Aussicht auf eine zunehmende Inflation in der Eurozone die Bundesbürger dazu bewegt, ihr Geld nicht zu sparen, sondern es für langlebige Gebrauchsgüter auszugeben. Nach Angaben des Marktforschungsunternehmens GfK blieb das hiesige Konsumklima mit einem Plus von 0,1 Punkte auf 5,9 Zähler im Juni praktisch konstant, und dies auf durchaus hohem Niveau. Die Konsumfreude wird überdies von der weiterhin positiven Lage auf dem Arbeitsmarkt befeuert. Die Deutschen sehen ihren Arbeitsplatz heute weniger gefährdet als in den Zeiten mit damals fast fünf Millionen Arbeitslosen und münzen dieses Sicherheitsgefühl in eine vergleichsweise hohe Konsumfreude um. (4)

Gewinnrückgänge bei Großkonzernen

Starke Exporte und stabiler Binnenkonsum ändern allerdings nichts daran, dass aus deutschen Dax-Konzernen zunehmend niedrigere Gewinne gemeldet werden. Aktuellen Berechnungen zufolge musste ein Drittel der im Dax gelisteten Konzerne im zweiten Quartal 2012 einen Gewinnrückgang verbuchen. Diesen Firmen hilft der Export nach Asien wenig, da sie 60 Prozent ihrer Erträge im Euroraum erzielen. Die Analysten der Deutschen Bank - die derzeit gleichfalls nur schwache Zahlen produziert - gehen darum davon aus, dass sich global aufgestellte Unternehmen besser schlagen werden als solche mit einer starken Abhängigkeit von Europa. (6)

Trends

Arbeitsmarkt trübt sich ein

Dem Optimismus der Bundesbürger zum Trotz schlägt sich die Abkühlung des Geschäftsklimas nun auch auf den Arbeitsmarkt nieder. Wie die Bundesagentur für Arbeit in Nürnberg meldete, ist die absolute Arbeitslosenzahl im Juli um etwa 67 000

Personen angewachsen. Die Arbeitslosenquote stieg von 6,6 Prozent im Vormonat auf nun 6,8 Prozent. Von der schwierigen Situation der Beschäftigten insbesondere in Spanien, wo alleine die Jugendarbeitslosigkeit bei 25 Prozent liegt, ist der deutsche Arbeitsmarkt damit jedoch immer noch meilenweit entfernt. (9)

Fallbeispiele

Logistiker blicken pessimistisch in die Zukunft

Der größte Teil der Fuhrunternehmer in Deutschland befürchtet eine schwierige zweite Jahreshälfte. Dies geht aus dem aktuellen Ifo-Konjunkturtest für Einzelbranchen hervor. Das Zahlenwerk zeigt, dass die Stimmung bei den Transporteuren seit Ende 2011 beständig schlechter wird. (7)

Rabattschlacht in der Automobilindustrie

Auch die deutsche Automobilindustrie bekommt derzeit das schlechter werdende Geschäftsklima zu spüren. Zwar lag die Nachfrage deutscher Käufer im Juli gegenüber dem Vormonat mit 2,9 Prozent leicht im Plus, europaweit sind die Absatzzahlen jedoch im Sinkflug. Um die zurückgehenden Verkäufe zu stabilisieren, räumen die Hersteller zunehmend großzügige Rabatte ein. Fiat-Chef Sergio Marchionne befürchtet nun eine Rabattschlacht und warf Europas größtem Autobauer Volkswagen darum kürzlich vor, mit übertriebenen Preisnachlässen ein Blutbad anzurichten. Gleichwohl mischt auch Fiat bei den Rabattschlachten kräftig mit, wie die neusten Zahlen aus dem Automobilsektor zeigen. So sind die durchschnittlichen Preisnachlässe für die 30 beliebtesten Neuwagen im Privatkundenmarkt im Juli um ein Prozent auf jetzt 19 Prozent gestiegen. Die mit 30,6 Prozent höchsten Preisabschläge gibt es derzeit für den Fiat Punto. (8)

Weiterführende Literatur

(1) Deutsche Wirtschaft vor Abwärtswende
aus manager-magazin.de vom 25.07.2012

(2) Deutsche Exporteure trotzen der Euro-Krise
aus manager-magazin.de vom 25.07.2012

(3) Ifo-Branchenkonjunkturtest
aus VDI NR. 31-32 VOM 03.08.2012 SEITE 6

(4) Verbraucher trotzen Euro-Turbulenzen

aus manager-magazin.de vom 26.07.2012

(5) Auf der Kippe Konjunktur Spuren des Euro-Krisenmonats Mai zeigen sich bislang nicht in den realen Konjunkturdaten. Ob das in den kommenden Wochen so bleibt, liegt einmal mehr in den Händen der Euro-Krisenmanager
aus impulse vom 26.07.2012, Seite 16-17

(6) Eurokrise frisst sich in den DAX Berichtssaison Jedem dritten Unternehmen aus dem Deutschen Aktienindex droht ein Gewinnrückgang
aus Euro am Sonntag, 21.07.2012, Nr. 29, S. 6 - 7

(7) Betriebe machen sich keine Illusionen
aus DVZ, Nr. 90 vom 28.07.2012

(8) Die Automobilindustrie steht in Deutschland vor einer Rezession. Die Nachfrage ist zwar hierzulande noch leicht im Plus (2,9 Prozent im Juli im Vergleich zum Vorjahresmonat). Doch sie sinkt europaweit. Um ehrgeizige Absatzziele nicht ganz abzuschreiben, müssen die Hersteller Marktanteile gewinnen. Deshalb stürzen sie sich (wieder) in die Rabattschlacht. Fiat-Chef Sergio Marchionne wirft nun Europas größtem Autobauer Volkswagen vor, mit übertriebenen Rabatten ein "Blutbad" anzurichten. Dabei hat der Italiener selbst keine weiße Weste. Fiat mischt - wie alle - in der Rabattschlacht kräftig mit. Ein Beispiel: Im Juli sind die durchschnittlichen Preisnachlässe für die 30 beliebtesten Neuwagen im

Privatkundenmarkt im Vergleich zum Juni um ein Prozent auf jetzt 19 Prozent gestiegen. Die höchsten Preisabschläge gibt es für den Fiat Punto (30,6 Prozent), den Opel Corsa (31,3) und den Opel Astra (30,9), wie das Center Automotive Research (CAR) an der Uni Duisburg-Essen ermittelt hat.
aus werben & verkaufen Nr. 31 vom 02.08.2012, S. 17

(9) Deutscher Arbeitsmarkt: Leichte Eintrübungstendenzen
aus werben & verkaufen Nr. 31 vom 02.08.2012, S. 17

Impressum

Geschäftsklimaindex im Sinkflug - droht ein konjunktureller Abschwung?

Bibliografische Information der deutschen Nationalbibliothek

Die Deutsche Nationalbibliothek verzeichnet diese Publikation in der deutschen Nationalbibliografie; detaillierte bibliografische Daten sind im Internet über http://dnb.d-nb.de abrufbar.

ISBN: 978-3-7379-1692-9

© 2015 GBI-Genios Deutsche Wirtschaftsdatenbank GmbH, Freischützstraße 96, 81927 München, www.genios.de

Alle Rechte vorbehalten. Dieses Werk ist einschließlich aller seiner Teile – z.B. Texte, Tabellen und Grafiken - urheberrechtlich geschützt. Jede Verwertung außerhalb der Grenzen des Urheberrechtsgesetzes bedarf der vorherigen Zustimmung des Verlags. Dies gilt insbesondere auch für auszugsweise Nachdrucke, fotomechanische

Vervielfältigungen (Fotokopie/Mikroskopie), Übersetzungen, Auswertungen durch Datenbanken oder ähnliche Einrichtungen und die Einspeicherung und Verarbeitung in elektronischen Systemen.